Zhangshi Xia

Ein Blick ins Spiegelbild

Zhangshi Xia (*1996) fand ihre Liebe zum Schreiben bereits im Alter von 8 Jahren. Aus Bildergeschichten wurden Kurzgeschichten und aus Kurzgeschichten Romane. Auf ihrer Reise entdecke sie schließlich die Poesie – und ihr erstes Buch ,,Ein Blick ins Spiegelbild" war damit geboren. Neben dem Schreiben ist Tanzen ihre zweite Leidenschaft.

Zhangshi Xia

Ein Blick ins Spiegelbild

Poesie

Mit Illustrationen der Autorin

Bibliografische Information der Deutschen Nationalbibliothek:
Die Deutsche Nationalbibliothek verzeichnet diese Publikation in der Deutschen Nationalbibliografie; detaillierte bibliografische Daten sind im Internet über http://dnb.dnb.de abrufbar.

Instagram: notizbuchgekritzel

Korrektorat: Lektorat Schürmann-Lanwer
Covergestaltung: 100covers4you, Florin Gabor

Herstellung und Verlag: BoD – Books on Demand, Norderstedt

ISBN: 9783751998888

Das Leben ist wie ein Spiegel, der dem Denker reflektiert, was er in ihn hineindenkt.

- Ernest Holmes

Intro

Eine Entscheidung
weicht schnell 'nem ,,Vielleicht",
und verschoben sind die Dinge
auf eine unbestimmte Zeit.
Wir fühlen uns noch jung
und das Leben ist so lang,
doch irgendwann im Leben
gibt es kein irgendwann.

Für *dich*

Wenn du deinen Kopf hebst,
wirst du jemanden sehen,
der dich liebt, so wie du bist,
der deine Träume zelebriert
und deine Art zu sein vermisst,
für den dein Makel Schmuck
und dein Fall kein Beinbruch ist.
Wenn du mal an dir zweifelst,
dann heb' den Kopf,
und du siehst mich.

Die kleinen Dinge

In der heutigen Welt herrscht reges Treiben.
Von Arbeit zu sozialen Kontakten,
steigende Erwartungen, harte Fakten.
Ständige Ablenkungen funktionieren,
   da Menschen ohne Stopp konsumieren.
Wir halten alles für selbstverständlich,
doch die kleinen Dinge im Leben sind groß
   und unser größter Ruhm.
Deswegen möchte ich statt Alltagstreiben,
   nun Folgendes tun:

Ich möchte spüren,
   wie meine Arme baumeln,
während ich durch das bunte Blätterlaub lauf,
jeden Schritt, den meine Füße gehen,
   in meiner eigenen Geschwindigkeit,
meinen Kopf, nickend
   zum Takt der Straßenmusik,
oder wie mein Rücken
   auf dem sonnenwarmen Rasen liegt.

Ich möchte spüren,
wie meine Augen die Welt wahrnehmen,
    Wörter und Personen erkennen,
dass mein Mund sich zu Meinungen äußert,
    oder freudig deinen Namen nennt,
all die Gerüche in der Luft,
    die meine Nase aufsaugen kann,
Millionen Stimmen in meinem Ohr,
    Melodien und Gesang.

Ich möchte spüren,
wie der Saft einer Zitrone brennt
    und die Süße von Schokolade schmeckt,
und wie eine deiner Berührungen
    ein Kribbeln auf meiner Haut hinterlässt,
an einem heißen Sommertag
    Wasser durch meine Lunge strömt,
und wie nach dem Erwachen
    ein brandneuer Tag beginnt.

Ich möchte spüren,
wie sich Dankbarkeit breit macht
    und zu einem Feuerwerk explodiert,
und nicht erst dann, wenn man dabei ist,
    eine Sache zu verlieren.
Die vielen Möglichkeiten, die wir haben,
    und auf Dauer ganz vergessen.
Wir haben unseren Körper, unsere Sinne,
    Musik, genug zu essen.

Fangen wir doch an zu spüren,
    anstatt bloß zu tun,
denn die kleinsten Dinge im Leben sind groß
    und unser allergrößter Ruhm.

Ein alter Platz

Ich kehr' so gern hierher zurück,
   die Zeit scheint still zu stehen.
Wenn's vorwärts nicht mehr weitergeht,
   hilft es auch, zurückzugehen.
Mit jedem Schritt Vergangenheit
   wird mir klarer, wer ich bin.
Manchmal fühle ich mich fehl am Platz,
   aber hier gehöre ich hin.

Die Schneiderin nickt mir noch zu,
   wenn ich vor dem Laden steh'.
Durch das verstaubte Fenster der Bücherei
   kann ich die Kassettensammlung sehen.

Vor dem Kiosk ist nach Schulschluss
    immer noch 'ne Warteschlange.
Und auf dem Spielplatz hört man auch heute
    das altbekannte Kinderlachen.

Hier ist alles noch wie damals,
doch ich erscheine so verändert
    im Vergleich zu meinem Ich,
 das früher hier gespielt hat
    mit roten Wangen im Gesicht.
Ich erscheine so verbissen,
    voller Druck von den Vergleichen.
Jeden Morgen Kaffee
    und der Versuch, was zu erreichen.

Wo ist die Energie von damals hin
    und die grenzenlose Fantasie?
Seit wann geht es mir um Leistung,
    nur mit dem Fokus auf das Ziel?
Wie groß die Gier danach geworden ist,
    To-Do-Listen abzuhaken.
Bevor die Sonne aufgeht,
    fang' ich schon an, den Tag zu planen.

Und wenn ich den Tag Revue passieren lasse,
sehe ich nur gestresste Gesichter,
rauchende Köpfe
und matte Lichter
in den Augen etlicher Leute.

Und das soll es sein, das Erwachsensein,
   wovon alle immer reden?
„Wenn du mal groß und erwachsen bist,
   dann wirst du es verstehen",
sagten sie, doch ich verstehe gar nichts.

Ich verstehe nicht,
warum wir die Hälfte des Lebens mit Arbeit
   verbringen, und das nur für grünes Papier.
Ich verstehe nicht, warum jeder mit dem Finger
   auf andere zeigt, sagt, sie könnten nichts dafür.
Ich verstehe nicht, wieso wir nicht im Moment
   aufblühen, die Sekunden tanzen, so wie früher.

Ich verstehe nicht, warum keine Emotionen
   bleiben, sondern nur ausdruckslose Bilder.

Und ich verstehe nicht, wieso Spaß ein Synonym
   für Faulheit geworden ist.
Und ich verstehe nicht, wieso man alles bewertet
   und sich dabei mit anderen misst.
Und ich verstehe nichts von Freiheit,
   denn ich bekomme sie kaum zu Gesicht.
Und vor allem verstehe ich nicht,
   warum wieder Kind sein kindisch ist.

Dabei haben wir als Kind …

…. viel mehr gelacht
und viel weniger über den Absprung nachgedacht.
… uns mehr für Antworten interessiert.
… Fragen gestellt, unsere Musik komponiert.
… die Welt erkundet mit weit geöffneten Augen,
   um Herbstblätter im Wind oder Hochhäuser
   zu bestaunen.
… die Gegenwart betrachtet, ohne den Morgen im
   Visier.
… geschwommen mit der Welle, gelebt im Jetzt
   und Hier.

... unser Tun nicht hinterfragt, sondern einfach
   gemacht
und der Gewinn war die Freude,
   weder Reichtum noch Macht.
... umarmt, was wir liebten und gewusst, es zu
   schätzen.

– So vieles haben wir mit dem Alter vergessen.

Wenn ich hierhin zurückkehr',
   wird mir so Manches wieder bewusst.
Man findet sein Glück nicht in der Zukunft,
   sondern im jetzigen Augenblick.
Und auch, wenn wir uns weiterbilden
   und arbeiten wie verrückt,
verlernen wir oft, zu leben.
Deswegen schau auch mal zurück.

Projektion

Verdammt,
deine Erwartungen an mich gleichen
einem nicht endenden Hochhaus,
auf instabilen Pfeilern errichtet.
Und pflege ich die Gemäuer
nicht gewissenhaft,
ist, so nehme ich an,
das gesamte Gebäude vernichtet.
Und so wurde Gebäudepflege
meine Lebensmission.
Das Hochhaus blieb intakt,
doch ich trug Dellen davon,
bis ich mich endlich traute und rief:
Revolution!
Was war ich verwundert,
als auch nach meinem rebellischen Akt
doch alles beim Alten blieb.
Vielleicht war der Architekt,
der das Hochhaus erbaute,
letztendlich nicht du,
sondern ich.

Immun gegen Liebe?

Seit gefühlt geraumer Zeit
sitze ich hier am Tisch
und lese den gleichen Satz
im Buch bald neunmal.
Meine Gedanken schweifen ab,
denn sie wollen zu dir.
Die Tage fühlen sich seit einer Weile
so leer an.

Ich mein', ich bemühe mich täglich
um ein erfülltes Leben,
und meistens gelingt es mir
ziemlich gut.
Was ich als Einziges brauche,
ist meine innere Wärme,
bin gegen Liebe von außen
immun.

Unabhängigkeit ist doch ein Beweisstück
für wahrhafte Stärke,
und Selbstliebe habe ich mir
auf meine Stirn tätowiert.
Kann schon sein, vielleicht lebe ich
etwas zurückgezogen,
vielleicht habe ich mich
auch isoliert.

Von klein auf lief ich allein
in meinem eigenen Tempo,
die Schrittlänge stets
an mich angepasst.
Eine Person neben mir
würde mich doch bloß hindern,
denn auf andere Menschen
ist niemals Verlass.

Also, warum denke ich
plötzlich an dich und an unsere
letzte Begegnung
vor deinem Haus auf der Straße.
Wieso verspür' ich den Drang,
dir einmal lauthals zu sagen,
dass ich dich manchmal,
nur manchmal, vermisse.

Es fühlt sich in vielerlei Hinsicht
so falsch an,
doch deine Nähe ist schön,
irgendwie.
Ich öffne mein Herz
für einen kurzen Moment
und hoff', dass du die Wunden
nicht siehst.

Und dann nehme ich deine Hand
und spring ins kalte Wasser,
mit dem Wunsch,
nicht erneut zu ertrinken.
Vielleicht lern' ich
zu schwimmen,
vielleicht hilft es mir auch,
ab und an in deine Arme zu sinken.

Unabhängigkeit ist ein Beweisstück
für wahrhafte Stärke,
aber zu vertrauen,
ist es ganz sicher auch.

Von klein auf lief ich allein
in meinem eigenen Tempo.
Nun bist du da,
wenn ich mich verlauf'.

Und immun gegen Liebe
ist wohl niemand,
und wer das denkt,
ist von seinen Ängsten gelenkt.
Ich reiße einen Teil
meiner Schutzmauer ein.
Erst dann sehe ich,
was das Leben mir schenkt.

Seit gefühlt geraumer Zeit
sitze ich hier am Tisch
und schreib' vor mich hin,
statt zu lesen.
Mir wird klar, ich habe mich
und an meiner Seite nun dich –
was kann es denn Schöneres geben?

Dein Klang

Ich trage dich immer noch in meinen Ohren.
Sehe noch den Film vor mir, den du abspielst.
Spüre wieder das Verlangen in meinen Beinen,
   frei zu sein.
Merke, wie mein Mund deine Vokabeln zitiert.
Fühle mich nicht mehr unverstanden.

Ich trage immer noch deinen Klang
in meinen Ohren
und deinen Rhythmus
in meinem Herzen.

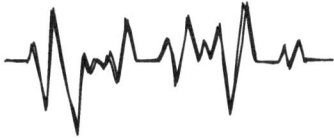

Ein Fotoalbum

Schau dich an, du wirkst so glücklich
mit deiner besten Freundin an der Hand
und deinem Fotomodelblick.
110 Likes der aktuelle Stand,
kein Geschmack,
wer nicht auf Like drückt.
Denn du wirkst so glücklich,
so perfekt makellos,
andere Mädchen wollen sein wie du.
Auch dein Make-up sitzt
wie immer tadellos,
andere Mädchen schauen zu dir hoch.
Ach, wie bist du zu beneiden,
der schlanker Körper
im engen Kleid.
Wie sehr sich die Männer um dich reißen.
Wie sehr tun sich andere Mädchen leid.

Und niemand kennt die Geschichte
hinter den Kulissen,
niemand schaut genauer hin
und fragt nach dem Warum.

Jeder denkt, er würde alles über dich wissen.
Ein Schauspiel, festgehalten im Fotoalbum.

Denn hinter dem Foto bist du auch nur ein Mädchen,
das sehnsüchtig zu jemandem hochblickt.
Hinter dem Schauspiel steckt auch nur ein Mädchen,
das sich selbst in seinem Zimmer kein Like gibt
und in Modezeitschriften blättert,
um sich mit der neuesten Mode zu verkleiden
in der Hoffnung, dass bloß niemand sieht,
dass es unter der Hülle leidet.

Dein Gesicht findest du zu kantig,
deine Lippen viel zu schmal,
deine Haare sind chaotisch,
deine Nase nicht optimal.
Bei den breiten Beinen
scheint selbst Sport
nicht mehr zu helfen.
Bei dir hängt alles
auch ohne Schwerkraft,
am liebsten würdest du
nichts mehr essen.
Du versteckst deine hellen Augen
hinter breiten schwarzen Linien.

Du verdeckst dein wahres Ich
hinter den Schönheitskriterien.
Jeden Tag.

Schau dich an, du wirkst so glücklich,
bist mal wieder auf Mallorca
und gestern noch in der Karibik.
110 Likes der aktuelle Stand,
und wer nicht auf Like drückt,
ist bloß neidisch.
Denn du wirkst so glücklich,
gehst auf Reisen,
während andere Menschen schuften.
Feierst Partys,
testest Speisen,
während andere Luxus suchen
und nicht finden.
Ach, wie bist du zu beneiden,
wie beneidenswert füllst du die Zeit.
Dein Leben ist ein Abenteuer.
Wie sehr tun sich andere Menschen leid.

Und niemand kennt die Geschichte
hinter den Kulissen,
niemand schaut genauer hin
und fragt nach dem Warum.
Jeder denkt, er würde alles über dich wissen.
Ein Schauspiel, festgehalten im Fotoalbum.

Denn hinter dem Foto bist du auch nur ein Mensch,
der sich nach Liebe und Geborgenheit sehnt.
Hinter dem Schauspiel steckt auch nur ein Mensch,
der sich irgendwann müde ins Bett legt,
und hofft, eines Abends nicht allein zu sein,
und wünscht, er hätt' einen festen Platz,
einen Ort, der sich Zuhause nennt,
endlich im Herzen eine Heimat.

Aber sozialkompetent
warst du noch nie,
und du bist auch nicht klug,
hast kein Talent.
Niemand möchte
mit dir befreundet sein,
deswegen kaufst du dir Freunde
mit Geld.

Vielleicht wirkst du
unglaublich selbstbewusst,
braun gebräunt
vom Sonnenschein,
doch unter den heißen Mallorcasonne
regnet Unsicherheit
in deinen Kopf hinein.
Denn all die Partys sind bloß Maskerade,
damit niemand sieht,
wie einsam du bist.
Und dein Luxus soll dich davor retten,
dass du tagsüber
sichtbare Tränen vergießt.

Und niemand kennt die Geschichte
hinter den Kulissen,
doch jeder strebt das Wie an,
ohne zu wissen, warum.
Jeder versucht, glückliche Bilder zu schießen.
Ein Schauspiel, festgehalten im Fotoalbum.

Abhängigkeit

Mit einer Hand umfasste ich eine Schnur,
mit der anderen berührte ich deine.
Und je fester schließlich dein Griff wurde,
desto schwächer wurde meiner.
So fürchtete ich deine Abwesenheit,
bis ich eines Tages fiel.
Heute halte ich mutig deine Hand,
doch werde mich selbst nach oben ziehen.

Für meine Eltern

Es war nicht alles einfach,
    aber wann ist das schon der Fall.
Meine Ansicht war nicht eure,
    der Erziehungsstil nicht optimal.
Eure Erwartungen trugen Muster,
    die nicht zu meinen passten.
Zu viel wolltet ihr bestimmen,
    zu wenig mir überlassen.

Und nun bin ich älter,
    vielleicht ein wenig weiser,
bin auch kein Kind mehr,
    hinter mir liegt schon 'ne Reise.
Die Brücke zu euch ist jetzt ein wenig länger
    und auch breiter.
Und ich scheu mich nicht mehr davor,
    diese mal zu überschreiten.

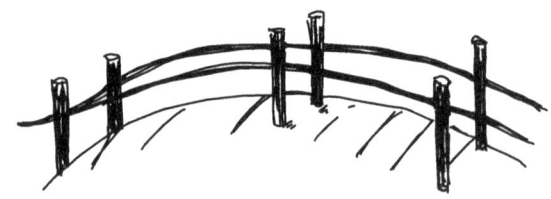

Zwischen 'nem Kind und seinen Eltern
   läuft es nicht immer glatt,
doch in euren Herzen
   habe ich einen festen Dauerplatz.
Selbst, wenn wir zwischendurch
   nicht in die gleiche Richtung gehen,
weiß ich doch ganz genau:
   Ich kann immer auf euch zählen.

Den Mittagsschlaf habt ihr verpasst,
   um meinen Geschichten zuzuhören.
Und morgens wart ihr früher wach,
   damit wir zusammen spazieren gehen.
Ich schätze euch so für eure Zeit,
   denn sie war stets knapp bemessen.
Jeder kleinste Ausflug tat mir gut,
   und das sollt ihr auch mal wissen.

Eure Ratschläge waren hilfreich
   und manchmal wenig brauchbar.
Ich hielt mir oft die Ohren zu,
   wenn ihr mal komplett falsch lagt.
Doch nun verstehe ich die Message,
   eure Sorgen waren echt
und aus eurer Sicht der Dinge
   hattet ihr auch immer Recht.

Wie sehr habe ich mich über Anrufe
  in der Nacht beschwert.
Wie oft habe ich euch erklärt,
  dass mir bestimmt nichts passiert.
Dabei wart ihr stets zur Stelle,
  wenn kein Nachtbus mehr gefahren ist
und habt euch darum gekümmert,
  dass ich am Ende heil zu Hause bin.

Ich glaube, ihr kennt mich, wie sonst keiner,
  vom Kleinkind- bis zum Erwachsenenalter.
Mein erster Blick, mein erster Schritt,
  meine ersten gemalten Bilder.
Zum ersten Mal mit zwei Rädern fahren,
  meine ersten deutschen Wörter
Ihr saht mich komplett ungeschminkt
  und alle meine Seiten.
Und auch, als ich erwachsen wurde,
  bliebt ihr dauerhafte Begleiter.

Vielleicht bin ich Schuld
  an so manch 'nem grauen Haar,
an schlaflosen Nächten
  oder einem stressigeren Jahr.
Aber wisst ihr, ich seh' eure Mühe,
  eure Hilfe, eure Liebe.

Ihr seid mein Rettungsanker
und der Fallschirm, wenn ich fliege.

Danke.

Zwischen 'nem Kind und seinen Eltern
läuft es nicht immer glatt,
doch in euren Herzen
habe ich einen festen Dauerplatz.
Selbst, wenn wir zwischendurch
nicht in die gleiche Richtung gehen,
weiß ich doch ganz genau:
Ich kann immer auf euch zählen.

Marathon

Das alles geht mir viel zu schnell,
  denn seit Jahren lauf' ich Marathon.
Nur als Kind habe ich gelebt
  und nun verblasst das Leben schon.

Ich atme zu hastig, ich schlafe nur unruhig,
  der Berg Arbeit erscheint mir unüberwindbar.
In der Pause greife ich am liebsten zum Handy,
  ich lebe überall, bloß nicht im Hier.

Und das Essen schlinge ich in mich hinein,
  während ich stundenlang im Internet surfe.
Freunde treffen wird ein weiteres To-Do
  auf meiner nicht endenden Aufgabenliste.

Und wenn ich mit dir Gespräche führe,
vergesse ich jeden zweiten Satz.
Ich stolpere beim Reden über meine eigenen Worte
und bekomme keinen Gedanken erfasst.

Meine Power Naps sind bereits nicht zählbar,
im Gegensatz zu schönen Erinnerungen.
Ich starte nichts Neues, es häuft sich Routine,
heute kommt mir wie gestern und morgen vor.

Und aus dem Tag wird dunkle Nacht,
aus den Minuten werden Sekunden.
Ich wünschte mir, es hätte mal jemand
eine Slow-Motion-Funktion erfunden.

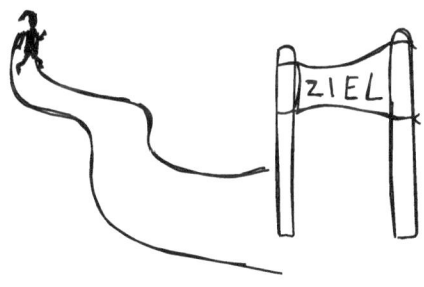

Denn das alles geht mir viel zu schnell,
  ich lauf' seit Jahren Marathon,
und je mehr ich mich nach vorn bewege,
  desto mehr lauf ich vor mir davon.

Sag mir, wie halte ich die Zeit
  wenigstens für eine Weile fest.
Ich schwelge ständig in Nostalgie,
  weil mich die Gegenwart so stresst.

Ich möchte nicht erleben, was Sinnlosigkeit ist
  und hätte gerne 'nen längeren Atemzug
Wie schön wär's, zu wollen und dann auch zu tun,
  ein „Ich hör auf mich", anstatt ein Muss.

Ich möchte den Alltag nicht hinter mich bringen,
  sondern mich wieder am Alltag erfreuen.
Auch in scheinbar Normalem steckt ganz klar Magie,
  man muss sich nur dafür entscheiden.

Ich möchte nicht bald schon Großmutter sein,
  es liegt doch noch so viel dazwischen.
Und wenn es soweit ist, sollst du mich im Garten
  mit einem Lächeln im Gesicht erwischen.

Und ich möchte mir dessen bewusst sein,
    wer ich gerade bin und in welchem Tempo ich geh'.
Und vor allem möchte ich mich nicht noch einmal
    so sehr aus den Augen verlieren.

Das alles geht mir viel zu schnell,
    seit Jahren suche ich schon das Ziel.
Dabei habe ich mich selbst verloren,
    doch ich kann stoppen, wenn ich will.

Manchmal wortlos

Manchmal fehlen mir die Worte,
zum Beispiel dann, wenn es darum geht,
dir meine Gefühle zu offenbaren.

Dann ist mein Kopf eine leere Hülle ohne Inhalt
und ich habe eine Feder ohne Tinte in der Hand.
Mein Innenleben wird zu einem unbesuchten
Museum, geschmückt mit diffusen Bildern
an der Wand.

Ich lese Gedichte von Rilke,
recherchier' die Definition von Liebe,
doch dann stelle ich mir die Frage:
Ist es denn Liebe, was ich fühle?

Und auch nach einer Welle
von Zweifeln und Fragen, reflektierten Erinnerungen
und genauen Beobachtungen
bleibt mein Wörterbuch unbedruckt.

Vielleicht habe ich manchmal so viel zu sagen,
dass es zu wenige Worte dafür gibt.

Ein Brief an alte Schulkameraden

Früher war ich ein Außenseiter
  und saß ganz hinten im Klassenraum,
mit Spangen im geflochtenen Haar
  und nur wenig Selbstvertrauen.
Mein Collegeblock war vollgekritzelt
  mit allerlei Notizen
an mich selbst, an die Welt,
  meine Sprechalternativen.

Ich hatte viel zu sagen,
  doch ich habe mich nie getraut
und was man nicht aussprechen kann,
  muss auf eine andere Weise raus.
Meine Texte und Zeilen,
  meine Gedanken in Schrift
fasse ich nun kurz zusammen
  in diesem kleinen Brief.

Liebe Schulkameraden,

erinnert ihr euch?

Jeden Morgen um acht,
jeden Montag bis Freitag,
jedes Mal mindestens vier Stunden,
jedes Mal derselbe Vortrag.
Überspielter Konkurrenzkampf,
   gespickt mit netten Komplimenten,
natürlich nur, wenn man beliebt ist,
   da die anderen es nicht wert sind.

Und heute sage ich euch:
Über andere zu reden,
   macht euch nicht interessanter,
und andere runterzuziehen,
   macht euch keineswegs stärker.
Ihr wolltet stets zehn sein
   auf der imaginären Skala,
aber Menschen mit ihren Facetten
   sind niemals so vergleichbar.

Und ich frage euch:
Was bringen die Momente im Rampenlicht,
   wenn du Backstage niemals ein Fan von dir bist?

Wenn du zu Hause dein Spiegelbild anschreist,
   deine Meinung vernichtest,
um ein farbloser Anteil zu sein –
   macht dich das denn glücklich?

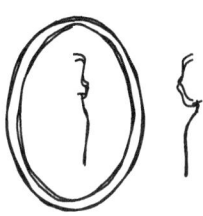

Und ich danke euch für eure Lügen,
nun weiß ich, was Freundschaft heißt.
Vieles ist oftmals nicht so,
   wie es rüberkommt und scheint.
Für einen guten Ruf
   wird die beste Freundin schnell versetzt,
in eurer kleinen Welt
   war ich nur höchstens der Tourist.

Und ich erzähl' euch,
dass ich nicht viel gesagt,
   aber viel gesehen habe.
So kam ganz schön viel zusammen,
   schließlich waren es acht Jahre.
Ich habe viel gelernt,
   und zwar, wie ich nicht werden möchte
und dass ich es, wenn's hart auf hart kommt,
   auch alleine schaffen könnte.

Und ich verzeihe euch,
  denn ihr hattet sicher eure Gründe,
eure ganz eigene Perspektive,
  die ich nicht verstehen werde.
Ich hoffe, euch geht es gut
  oder zumindest etwas besser
und so, mit lieben Grüßen,

euer Außenseiter von früher.

Regeneration

Heute verliere ich mich lieber in Tagträumen
   und möchte nicht unter Menschen sein.
Gespräche ziehen an mir vorbei wie Wolken.
   Ich bin manchmal gern allein.

Es ist ein früher Morgen,
   an dem ich die Stille genieß,
ein Abend, an dem ich mich während 'ner Party
   in meinem Zimmer verschließ.
Eine Nacht mit einer Ein-Mann-Feier,
   in Mondlicht getränkt,
ein früher Morgen mit seinen Möglichkeiten,
   Anzahl unbeschränkt.
Ein Moment ohne Sucht nach Reizüberflutung
   und Aktion.
Ich hab' meine Gedanken, bin süchtig nach mir,
   und genau das reicht mir schon.

Alles fühlt sich so schwerelos an,
hier in meiner kleinen, doch großen Welt.

Es gelten meine Regeln
und es existiert auch nur das,
was mir aus vollem Herzen gefällt.

Mein Pulsschlag wird plötzlich spürbar.
Die Atmung von jetzt auf gleich ruhiger.
Das Gedankenkarussell hört auf, sich zu drehen.
Aus dem Chaos im Kopf werden neue Ideen.
Ich lausche, von irgendwo leiser Vogelgesang,
und höre Kindergemurmel vom Spielplatz nebenan.
Meine Hände wärmt eine Tasse Schokolade.
Meine Seele wärmen mal nur ich
    und meine eigenen Worte.

Und ich taumle nicht irrend von Moment zu Moment,
    sondern werde zum Momente-Genießer.
Kräfte getankt und in mir selbst tief verwurzelt
    öffne ich schließlich wieder Türen und Fenster.

Teufelskreis

Wir haben Angst,
deshalb machen wir es nicht.
Und weil wir es nie machen,
werden wir immer Angst haben.

Ungeteilt

Komm, lass uns weggehen
und keinem Menschen etwas sagen.
Lass uns abtauchen
in eigene Welten
und ausnahmsweise nichts verraten.

Lass uns mutig
Rekorde brechen,
ohne Urkunden,
ohne 'nen Preis.
Lass uns endlich mal
berühmt sein,
ohne Bühnenauftritt
als Beweis.
Lass uns die schönsten
Lieder singen,
ganz ohne
ein Mikrofon.
Lass uns sagen,
was uns bedeutet,
dafür brauchen wir
kein Telefon.

Lass uns Fotos
mit den Augen machen,
fern verreisen,
nur für uns.
Lass uns echte
Tränen lachen,
Neues wagen
ohne Druck.
Lass uns mal
still und heimlich
Großes säen
und danach ernten.
Lass uns,
ganz ohne Noten,
weiterbilden,
weiter lernen.
Lass uns betäuben
von der Freude,
ohne sie
zu präsentieren.
Wir brauchen auch
kein Museum,
um neue Bilder
zu kreieren.

Lass uns filmen
nur in Gedanken,
sodass wir uns nie vermissen.
Komm, lass uns mal weggehen,
niemand braucht davon zu wissen.

Lass uns abtauchen
in eigene Welten
und am Grund etwas verweilen.
Lass uns Erinnerungen sammeln,
die wir ausnahmsweise
mit keinem teilen.

Freundschaft

Wenn aus Unbekannten Freunde werden,
  ist es für mich sowas wie Magie,
ein Unterschied, den man vollkommen spürt,
  aber äußerlich nicht sieht.
Zwischen uns existiert ganz unverhofft
  dieses unsichtbare Band.
Auf einmal stehst du daneben
  und ziehst mit mir an einem Strang.

Plötzlich gibt es eine Person,
  die die gleiche Sprache spricht,
ähnlichen Melodien lauscht
  und die gleichen Farben sieht.
So oft hab' ich mich gefühlt
  wie ein im Schrank verstaubtes Buch,
doch du interessierst dich für den Inhalt,
  schaust mich an und hörst mir zu.

Und wir laufen mit derselben Schrittlänge,
   ganz im gleichen Tempo und Takt,
suchen nach denselben Orten,
   finden Ruh am gleichen Platz.
Wir sind uns ziemlich ähnlich,
   nur, dass wir uns auch ergänzen.
Ich schätz', dass wir alleine viel,
   aber zu zweit einfach viel mehr sind.

Aus zwei Bilderschnipseln,
   mit unentschlüsselten Motiven
entsteht ein abstraktes Gemälde,
   vereint unsere Perspektiven.
Was ich nicht seh', siehst du
   und das Ganze auch umgekehrt.
Und so wachsen wir nebeneinander,
   da man stets vom anderen lernt.

Aus zwei einzelnen Ideen,
   ganz flüchtig mal gedacht,
wird ein Masterplan,
   festgehalten auf einem Blatt.
Allein in unserem Zimmer
   fehlt uns manchmal die Fantasie,
aber wenn wir gemeinsam denken,
   werden wir beinahe Genies.

Aus zwei nicht gewagten Schritten,
    zu groß die Angst, sich zu verlaufen,
wird eine lange Reise,
    denn wir nehmen zusammen Anlauf.
Ich zeig' dir mein Geheimversteck
    und du mir deine Ruhezone.
Wir trauen uns einen Meter weiter,
    verlassen unsere Komfortzone.

Vielleicht ist es doch recht einfach,
    mal mit dem Flow zu gehen,
zu vertrauen und dann zu merken,
    dass Momente von ganz allein entstehen.
Leichtigkeit zu verspüren,
    wenn wir gemeinsam durch die Welt ziehen,
und zu begreifen, dass es mehr zu gewinnen gibt,
    als jemals zu verlieren.

Denn wichtig sind nicht unsere Minuten,
    sondern wie viel die Sekunden uns bedeuten.
Und es zählt auch nicht die Menge,
    sondern was wir uns geben wollen.
Der Ruf, die Leistung, Zahlen
    – das ist alles mal vergessen.
Zwischen uns gibt es kein Ringen
    und schon gar kein Kräftemessen.

Und wir sind füreinander da,
    auch, wenn es bei uns gerade nicht rund läuft.
Und wir teilen unsere Farben,
    wenn der andere mal komplett schwarz sieht.
Wir erinnern uns gegenseitig
    an das, was uns im Leben begeistert.
Alleine haben wir viel,
    gemeinsam noch mehr gemeistert.

Wenn aus Unbekannten Freunde werden,
    ist es für mich sowas wie Magie,
ein Unterschied, den man vollkommen spürt,
    aber äußerlich nicht sieht.
Zwischen uns existiert ganz unverhofft
    dieses unsichtbare Band.
Auf einmal stehst du daneben
    und ziehst mit mir an einem Strang.

Schattenleben

In dir weint ein zerrissenes Kinderherz,
in dir lebt dein Schattenleben.
Noch sind deine Narben
Wunden,
die vor Erinnerungen
nur so triefen.
Egal, wie sich die Zeit bewegt,
die Vergangenheit
hält Schritt.
Egal, wer an deiner Seite ist,
die Vergangenheit
kommt mit.

Greife nach ihr
und sieh was sie macht.
Streichle deine Narben,
und akzeptier' deine Schlacht.
Frage den Schatten
nach dem Weg
zu seinem wirklichen Wesen,
um voranzukommen,
muss man sich
vorwärtsbewegen.
Umarme,
was vergangen ist,
aber mache ihm klar:
Es ist zwar willkommen,
aber nun mal nicht
die Gegenwart.

Einsam

Du erzählst,
dass du dich einsam fühlst
und dass dich niemand wirklich kennt.
Doch wann hast du zuletzt
der Welt gezeigt,
wer hinter der Fassade steckt?

Ich-blind

Auf der Spitze einer Baumkrone
   sitzt ein kleiner Fink,
macht eine kurze Pause,
   ließ sich treiben von dem Wind.
Er flog mit anderen Vögeln
   über Felder, Wälder, Meer,
musizierte neue Lieder,
   tanzte passend hin und her.
Und nun, bevor er weiterzieht,
   betrachtet er die Welt von oben.

Ach, der Vogel hat es gut, denkst du dir.
Er braucht nicht laufen, kein Auto,
   kein Flugzeug und kein Gepäck.
Seine Flügel tragen ihn behutsam,
   sobald er möchte, kann er weg.

Und während wir voller Fernweh
   auf den nächsten Urlaub warten,
ist der Strand seine Gefährte
   und die Berge sind sein Garten.
Wie gerne wärst du frei, so wie er.

Unter dem blauen Himmel der Savanne
   räkelt sich ein Löwe,
hat gerade seine Jagd beendet
   und möchte nun etwas dösen.
Sein Körper wirft dabei 'nen großen
   Schatten auf den Wiesenboden.
Und nach der Mittagsstunde
   sieht man ihn mit anderen toben.
Dabei wirkt jede Bewegung
   majestätisch und elegant.

Ach, der Löwe hat es gut, denkst du dir.
Ihn ihm toben keine Ängste,
   denn er braucht sich nicht zu fürchten
als König der Tiere, aller Savannen und Wüsten.
Und während wir uns oft so klein fühlen
   und mutieren zu Zwergen,
kann er genüsslich Ricse sein,
   ohne den Drang, was zu verbergen.
Wie gerne wärst du stark, so wie er.

In deiner Wohnung neben dem Sofa
    spielt dein Labrador.
Rennt einer Fliege hinterher,
    schaut unterm Bett hervor.
Er bellt mal laut, mal leise
    und wedelt mit dem Schwanz,
während die Sommersonne
    in seinen Augen tanzt.
Mit so viel Leichtigkeit
    füllt er ein Hundejahr.

Ach, der Hund hat es gut, denkst du dir.
Er braucht nicht viel zum Glücklichsein,
    da so vieles ihn begeistert.
Vielleicht schlummert in ihm ein Super-Gen,
    welches sein Glück verdreifacht.
Und während uns schlechtes Wetter
    die Laune verdirbt,
siehst du, wie er draußen
    im Regenmatsch spielt.
Wie gerne wärst du fröhlich, so wie er.

Und du?

Du hast Beine, die dich transportieren,
    doch sitzen findest du angenehmer.

Du hast Sinne, die die Welt erkunden,
    doch du bleibst in deinem Zimmer.
Und du hast Worte,
    die dich verbinden mit anderen Menschen,
doch in Konversationen
    führst du zum Großteil Selbstgespräche.
Und du kannst tanzen,
    frei sein für einen Moment,
doch dir ist es peinlich,
    weil du keine Tanzschritte kennst.
Und du kannst Neues lernen
    und deinen Horizont erweitern,
doch es ist so schwierig,
    dich für etwas Neues zu begeistern.
Und du kannst denken, begreifen
    und dich auch wieder zurückerinnern,
doch du weißt es nicht zu schätzen,
    da negative Gedanken dominieren.
Und du kannst Entscheidungen treffen,
    an jedem einzelnen neuen Tag,
doch du bindest dich an Routinen,
    denn du hast Angst, dass du versagst.

Ach, hast du es gut (auch, wenn du's nic denkst).
Vor dir liegen so viele Chancen
    und Möglichkeiten,

aber du bist zu häufig zu blind,
   um nach ihnen zu greifen.
Stattdessen fängst du an,
   dich darüber zu beklagen,
was du bei dir nicht erkennst,
   aber andere haben.

Wie gerne du du selbst wärst,
wenn du dich sehen würdest.

Im Zug

Musik im Ohr,
Naturschnipsel
rasen vorbei
auf langsame Weise.
Um mich herum
sich bewegende Münder,
aber in mir
drinnen wird's
leise.

Gedanken kommen,
Gedanken gehen,
verdienen ihre
Anwesenheit.
Worte werden
zu Melodien,
und endlos
erscheint
die Zeit.

Erwachsenwerden

Ich bin froh,
  dass ich dich jetzt mit anderen Augen seh',
und du mir sagst, wie's dir geht
  und wo du gerade stehst.
Eine Zeit lang haben wir nur vage Schemen
  vom anderen erblickt
und nun erkenne ich deine Last,
  du wirkst vom Leben erdrückt.

Fotos von früher zeigen schon ziemlich lange
  nicht mehr die Person, die du heute bist.
Dein unverstelltes Lächeln
  im runden Kindergesicht
wurde langsam zur Tarnung,
  an der du abends erstickst.

Denn abends denkst du nach,
  über deine nicht mehr heile Welt,
und dir fällt auf es gibt so vieles,
  was dir nicht mehr gefällt.

Dein Ziel wird zu der Erwartung,
  die deine Außenwelt dir setzt.
Auch deine Wünsche für die Zukunft
  haben dir andere aufgeschwätzt.
Wozu der ganze Druck,
  die ständige Arbeit und der Stress?
Wohin mit all den Kummer,
  den du täglich ich dich frisst?

Und du fragst dich noch viel mehr,
  du fragst nach dem Sinn des Lebens
und ob es etwas gibt,
  wonach es sich lohnt zu streben.
In dir ruft eine Stimme,
  du sollst dich für einen Weg entscheiden,
doch wenn man so viel wegwirft,
  werden dann noch Dinge bleiben?

Und du hast Angst vor Nähe
  und viel mehr noch vor Distanz.

Du sehnst dich nach Geborgenheit,
   und doch wirkt sie auf dich riskant.
Es stimmt: Freudentränen und Herzschmerz
   parken manchmal dicht an dicht,
aber wer sein Herz nie öffnet,
   vergisst auf Dauer, wie man liebt.

Du möchtest wieder wissen,
was Fröhlichkeit bedeutet.
Du würdest gerne leben,
ohne abends zu bereuen.
Du hättest gerne Mut,
um dich etwas mehr zu trauen.
Du würdest gerne lieben,
ohne Angst, mal zu vertrauen.

Ich versteh' dich,
denn du gibst mir endlich die Chance,
   zu verstehen.
Nach langer Zeit kann ich die Welt
   einmal aus deinen Augen sehen.
Ich blicke durch dein Poker-Face,
   kenne dich nun demaskiert
und kann dir endlich sagen:
   Jedes Down wird auch vergehen.

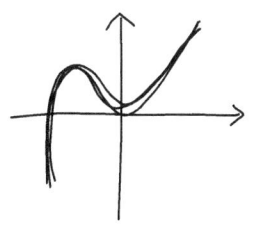

Denn was du jetzt erlebst,
   habe ich auch schon miterlebt.
Und deine inneren Monologe
   waren auch bei mir verzwickt.
Der schlechte Film, in dem du bist,
   stand selbst auf meiner Liste.
Bald kommt der Wendepunkt, so ist es immer,
   ich versprech's dir.

Und bis dahin sind wir nicht allein,
   darum wird's niemals monoton.
Wir haben einander und damit jeder
   eine andere Person
zum Quatschen um halb 3,
   vor 20 Uhr werd' ich nicht gehen.
Denn gemeinsam gibt es mehr
   als aus einem Augenpaar zu sehen.

Ein (Selbst-)Gespräch

Du lachst,
wenn ich etwas Ernstes sag,
und du nickst
bei meinen Fragen.
Schulterzuckend
schweigst du,
wenn Atemzüge
Sätze zu dir tragen.
Und kaum habe ich aufgehört zu reden,
redest du wie ein Wasserfall
an meinem Thema vorbei.
Da merke ich,
Gespräche führen kannst du
am allerbesten
mit dir allein.

Plan A

Was haben wir lange gewartet
vor dem Fenster
und überlegt was uns draußen erwartet.
Der Regen wirkte nass
und die Sonne zu warm
– statt zu leben haben wir Pläne gehortet.

Von Plan A bis Plan Z
ist hier alles dabei,
doch rauszugehen gehört bisher nicht dazu.
Ich sag dir unsere Pläne
sind aus Angst geschmiedet.
Wir konstruieren im Kopf, ohne etwas zu tun.

Anstelle lebloser Konstrukte hätte ich so gerne
Erinnerungen zum Vermissen
und Fehler zum Lernen.
Komm, machen wir aus Plan A
doch eine Reise,
bei der wir unsere Lebensgestalter werden.

Dafür brauchen wir eine Palette
mit bunten Farben
und einen Rucksack voller neuer Ideen,
etwas Vertrauen in uns
und unsere Fähigkeiten.
Alles beisammen? Dann können wir gehen!

Zweifel lasse ich
im Koffer zu Hause,
denn sie gehören nicht ins Reisegepäck.
Wir verzichten auf einen Kompass,
erst mit unserem eigenen
Orientierungssinn ist Plan A komplett.

Wer hätt' gedacht,
dass wir uns mal leicht fühlen,
unsere Füße folgen ihrem eigenen Takt.
Mit geöffneten Augen
marschieren wir weiter
durch die tobende Energie der Stadt.

Und wenn es regnet
springen wir in die Pfützen,
johlen passend zur Musik vom Regentanz.
Die Blicke der Menschen
nehme ich kaum noch wahr,
aber in deinem Blick sehe ich den Glanz.

Mit jedem Schritt
wird das Fremde zum Freund.
Mit jeder Tat spüren wir mehr wer wir sind.
Unter unserer Haut
kribbelt sanft die Wiese
und gefolgt werden wir beide vom Wind.

Wie auf einem Trapez im tiefen Wald
schwinge ich mich
von Moment zu Moment.
Was nicht zusammenpasst
setze ich wieder zusammen
wie ein Kind, das noch keine Regeln kennt.

Und du lachst lauthals
deine Freude heraus,
hier im Paradies unter dem Himmelszelt.
Auch auf dem dünnsten Seil
suchst du die Balance,
hast keine Angst zu weinen, wenn du mal fällst.

Endlich greifen wir nach all'
den Chancen und sehen,
wir werden täglich so reich beschenkt.
Schon seltsam, wie sehr wir uns verschließen,
wenn man nur in den Mustern bleibt,
die man gut kennt.

Und es stimmt:

Am schwierigsten ist der erste Schritt,

doch für den zweiten Schritt würd' ich alles geben.

Erst wenn man hinausgeht,

fängt man an zu verstehen:

Plan A bedeutet, sich trauen, zu leben.

Ich bin anders zu mir als zu dir

Ich bin die Person,
die anderen eine Hand reicht und sagt: Steh auf.
Ich bin die Stimme in deinem Ohr, die murmelt:
Kopf hoch. Und: Du bist genug.
Ich bin die, die in jedem Schönheit sieht,
in Milliarden schöne Augen blickt
und dich dazu ermutigt es auch zu tun.
Ich bin die, die dich umarmt,
wenn du es gerade nicht kannst.
Ich bin die, die dir Wasser reicht,
damit du wieder Blumen pflanzt.

Ich bin die, die deine Schrammen kühlt,
wenn es mal nicht geklappt hat,
und dich daran erinnert,
dass es nichts bringt,
wenn man sich selbst hasst.

Ich bin die,
die keine deiner Ecken und Kanten schleift,
da sonst alle Menschen gleich rund wären.
Ich bin die, die sich schützend vor deine Zweifel wirft,
um ihnen endgültig den Krieg zu erklären.

Ich bin auch die Person,
die sich links liegen lässt
und an sich vorbeigeht,
weil ich mir nicht verzeihen kann,
wenn ich fall und es nicht hinkrieg'.
Ich bin auch die Person,
die gegen sich selbst spielt,
bis ich blutend auf der Erde sitze.
Ich bin die Stimme in meinem Ohr, die schreit:
Das hättest du besser machen müssen!
Ich bin wohl in vielem schlecht,
aber fantastisch darin,
nur das Negative in mir zu sehen,
dann enttäuscht zu mir zu gehen
und mir eine reinzuhauen.
Jeden Fehler nehme ich mir krumm,
bei jedem ungalanten Wort
erkläre ich mich für dumm.
Ich bin die Person, die ihre Ecken und Kanten schleift,
obwohl sie jedem Menschen stehen.

Unter jedem bin ich ein misslungener Einzelfall,
ein schwarzes Schaf im Großgeschehen.
Und an den letzten Moment,
als ich meine Arme schützend vor mich geworfen
und meinen Zweifeln den Krieg erklärt habe,
erinnere ich mich nur noch diffus,
aber es war schön auch mal die Person zu sein,
die sich selbst zujubelt und ruft:
Du bist genug.

Und vielleicht schaffe ich es eines Tages,
mich selbst in den Arm zu nehmen,
kann mich, statt von oben herab,
mal aus der gleichen Ebene sehen,
mir die Hand geben
und die Person für mich sein,
die ich bei dir bin.

Entfernt

Körperlich so nah,
doch mental trennen uns heut' Welten.
Ich wünschte,
unsere Gedanken würden sich kreuzen,
   wie die Wärme unserer Hände.

Wir hören zwar unseren Herzschlag,
zwei Rhythmen, die sich verweben.
Aber meine Worte bleiben unberührt,
werden zu Geschichten,
   die ich mir selbst erzähle.

Rückblick

Die Zeit ist schnell vergangen,
   bald bin ich schon Mitte Zwanzig.
Eigene Wohnung, fester Job,
   noch alles eigenartig.
Es ist doch nicht lange her,
   als ich zu Mama meinte:
Ich möchte gerne dreizehn bleiben,
   für immer und ab heute.

War es nicht gestern,
   als ich nachts noch wach lag
und unter meiner Decke
   heimlich ein Buch las.
Am nächsten Tag war ich Detektivin
   auf Spurensuche,
wie das Tiger Team
   oder TKKG - die Profis in spe,
ganz stolz mit meinem Fingerabdruckset
   aus 'nem Magazin.
Und gestern konnte ich noch
   meine Geisterfreunde sehen.

War es nicht gestern,
mit meinem Bruder Lego gebaut
  und Ballonhandball gespielt.
In der Grundschule
  zum ersten Mal heimlich verliebt.
Ein besonderes Highlight,
  war immer die Winterzeit.
Oh schau mal nach draußen,
  ich glaube es schneit!
Fußstapfen im dreißig cm
  hohem Weiß hinterlassen.
An Silvester beim Böllern was wünschen,
  nicht laut sagen.

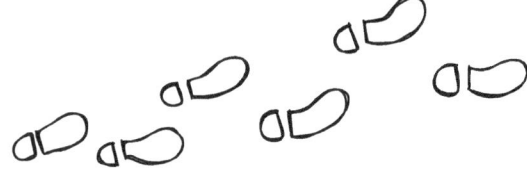

War es nicht gestern,
Donald Duck-Comics gehortet,
  Diddl-Blätter getauscht.
Ein Regal voller Bibi Blocksberg-Kassetten
  hatte ich auch.

Cartoon Special am Freitag, mit Pizza,
  vielleicht Disney.
Und die Experimente von
  „Wow- die Entdeckerzone" ausprobiert.
Auf der Fensterbank abgehangen
  und die hohe Aussicht genossen.
Mit der Spielzeugkamera
  so echte Bilder geschossen.

War es nicht gestern,
noch bis zehn auf dem Gameboy
  Super Mario gezockt.
Einmal mit dem Fahrrad
  'ne Runde um den Block.
Und Flic' N'Lic Lollis waren
  auf dem Pausenhof der Hit
oder Bube-Dame-König-Ass
  und alle klatschten mit.
Wie bei den Wilden Kerlen
  wurde das Kinderzimmer ein Fußballfeld.
Kim Possible war mein Vorbild
  und Jake Long mein Held.

Ach, wie schnell die Zeit vergeht,
  Kind-Sein fühlt sich noch wie gestern an.
Doch die Fragen Wie und Was
  sind relevanter als die Frage Wann.
Egal, ob vor einem Tag oder ein paar Jahren,
  egal ob mit Zwanzig oder Vier.
Auch wenn gestern nicht mehr heute ist,
  alles bleibt ein Teil von mir.

Geister

Jagen dich in einer schlaflosen Nacht,
auch die Geister ungesagter Worte?
Wenn die Sonne schläft und der Mond erwacht,
erwachen auch bei dir ungeführte Dialoge?

Land der Masken

Willkommen im Land der Masken,
in dem jeder sein Gesicht zu verbergen versucht.

Du kommst auf die Welt,
   ganz ohne Stempel auf der Stirn,
ohne die Definition von falsch und richtig,
   von hässlich und schön.
Noch siehst du die Dinge
   ohne fremde Perspektiven,
noch bist du du selbst,
   wirst von dir selbst angetrieben.

Doch schnell fragst du dich:
Warum hat Mama mich nicht lieb,
   wenn ich schreie,

wenn ich Dinge kaputt mach'
  oder der Welt meine Gefühle zeige,
wenn ich vergesslich bin,
  oder mir zu viel Zeit für etwas nehme,
wenn die Erzieherin sagt,
  mit mir gäb's nur Probleme?

In der Schule wachsen deine Sorgen
  mit der Menge der zu lernenden Themen.
Was früher noch unproblematisch war,
  wird ganz plötzlich zum Problem.
Deine Optik, deine Leistung,
  jeder ausgesprochene Satz
und ganz ohne es zu wollen,
  gelangst du zu deinem Platz.

Und nun bist du hier,
im Land der Millionen Masken,
alle perfekt geformt und designed.
Ein Land, hinter dessen polierten Fassade,
nichts so ist, wie es scheint.

Jeder wirkt bescheiden, doch strebt
  nach 'nem Platz auf dem Thron.
Jeder sucht nach einem Lückenfüller
  und maximiert seinen Lohn.

Um mithalten zu können
   zahlt hier jeder seinen Preis.
Alle möchten schnell nach vorne,
   doch laufen lebenslang im Kreis.

Niemand scheint sich selbst zu geben,
   was er bei anderen Menschen sucht.
Und es gibt keinen, der nicht pausenlos
   nach Anerkennung ruft.
Hinter leeren Dialogen
   steckt der laute Schrei nach Liebe,
doch unter der Masse Suchender
   wird sie wohl niemand kriegen.

Im Land der Masken wird Liebe laut gepredigt,
aber gleichzeitig konkurriert,
und unaufhörlich starten Kriege,
die man von Anfang an verliert.

Alles könnte sich ändern
   mit einem Blick ins Spiegelbild,
wenn die Maske abfällt und wir erkennen,
   wer wir wirklich sind.
Dann würden wir endlich sehen,
   dass wir auf unsere Weise reichen,

darum haben wir es gar nicht nötig,
 unsere Masken zu vergleichen.

Alles könnte sich ändern
– starten wir mal zu pausieren.
Wir haben uns schon so daran gewöhnt,
 tagtäglich zu funktionieren.
Dabei hätten wir die Zeit, uns zu schenken
 was wir *wirklich* brauchen,
statt ein ganzes Leben lang
 in einem Hamsterrad zu laufen.

Alles könnte sich ändern,
 denn wir brauchen nichts zu verbergen.
Der Mensch ist von Geburt an genug
 und muss nicht erst etwas werden.
Wir halten so oft an Zielen fest
 und an dem, was aus uns wird,
aber öffnen nicht die Augen für das,
 was wir bereits sind.

Alles kann sich verändern,
so, wie wir uns verändert haben.
Lassen wir den Stempel los
und die Stimmen, die uns bestrafen.

Hier im Land der Masken
ist vieles ziemlich merkwürdig.
Jeder ist etwas Besonderes,
nur dass es niemand sieht.
Herzlich Willkommen in einem Land,
in dem man sich selbst vergisst.
Aber du entscheidest selbst,
ob du hier bleibst oder gehst.

Outro

In einer Welt voll Abenteuer,
Hirngespinste, Freudenfeuer
Tausendmilliarden Möglichkeiten,
gibt es vieles aufzuschreiben.
So viel, woran ich mich gern erinner'
– was wir erleben, das bleibt für immer.

Danksagung

Ich bedanke mich bei so unglaublich vielen Menschen da draußen, durch deren Inspiration ich angetrieben wurde.

Ich danke jedem Einzelnen, der mir Tipps gegeben, ehrliche Worte geschenkt und wertvolle Minuten investiert hat. Danke für eure Unterstützung und dafür, dass ihr an mich glaubt. Fühlt euch von mir gedrückt!

Ich danke BoD für diese Möglichkeit. Ein schon lang gehegter Traum wird dadurch Realität.

Und ein großes Danke auch an dich, für das Lesen meiner Worte. Ich wünsche dir alles erdenklich Gute auf deiner Reise.

Inhalt